AF498213

DE L'IMPORTANCE

INDUSTRIELLE

DE LA VILLE DE LYON.

*Le produit de la vente est destiné
aux Victimes de l'incendie de Salins.*

LYON.

IMPRIM. DE DURAND ET PERRIN,
GRANDE RUE MERCIÈRE, N.º 49.

DE L'IMPORTANCE

INDUSTRIELLE

de la ville de Lyon,

OU

Réponse d'un Bourgeois de Lyon

A UN OFFICIER D'ÉTAT-MAJOR.

LYON.

FAVÉRIO, LIBRAIRE, RUE LAFOND;

PEZIEU, LIBRAIRE, PLACE LOUIS-LE-GRAND;

ET TOUS LES MARCHANDS DE NOUVEAUTÉS.

28 AOUT 1825.

****

AVERTISSEMENT.

Pro aris et focis.
CICERO.

———————

Au moment où l'on cherchait à donner toute la publicité possible à un écrit intitulé : De l'Importance militaire de la ville de Lyon, nous rédigeâmes fort à la hâte une réponse à un projet, qui nous paraissait et nous paraît encore, sans utilité et plein de danger ; mais quelques jours étaient à peine écoulés, et l'écrit et le projet étaient oubliés. Les événemens, au milieu de nous, se succèdent avec tant de rapidité, les entreprises les plus inexécutables sont si fastueusement annoncées et s'évanouissent si vite, que nous avons pensé que les fortifications de Lyon subiraient le sort commun. Il en est autrement.

Le ministre de la guerre n'est arrivé, dit-on, que pour visiter les lieux, et accorder les fonds en connaissance de cause. Une pareille tenacité étonne et afflige tous les habitans de Lyon; et c'est pour commencer à manifester leur opinion, que nous publions, sans y rien changer (le temps ne nous le permettant pas), la réponse que nous avions faite à un capitaine d'état-major. D'autres plus habiles s'empareront sans doute de la question, et la traiteront tout entière. Il feront sentir que ce ne sont plus les remparts qui peuvent défendre les nations avancées dans la civilisation, mais le patriotisme; et ils ajouteront que pour ces mêmes nations, sans institutions et sans prospérité, il n'est plus de patriotisme. Ils diront que les millions, destinés à fortifier Lyon et à étouffer son industrie, seraient mieux employés à multiplier nos débouchés, et, au besoin, à acheter des frontières pauvres et faciles à défendre.

Pour nous, si nous attirons l'attention des amis de leur pays sur une question grave, et devant laquelle tous les dissentimens politiques doivent s'évanouir, nous aurons atteint notre but. Nos forces ne nous permettaient pas d'en poursuivre un autre.

Exprimons encore un vœu. Nous ne pensons pas qu'il puisse exister deux opinions sur les fortifications de Lyon. Les populations, comme les individus, ont le sentiment, ou, si l'on veut, l'instinct de leur conservation; et cependant aucune voix ne s'est encore élevée contre un projet funeste aux yeux de tous. On a craint, il faut le dire, de déplaire aux administrations locales; mais, comme les rois, ces autorités locales ont des flatteurs, c'est-à-dire, qu'ainsi que les rois, elles sont trompées: et voilà pourquoi une espèce de fatalité est, à Lyon, attachée à tous les monumens publics exécutés ou projetés. Voilà pourquoi l'hôtel de la préfecture, après avoir coûté des sommes énormes, n'a que les apparences d'une méchante caserne, devant laquelle se trouvent une barrière et deux lourds pavillons qui figureraient merveilleusement à l'entrée d'une prison. Voilà pourquoi, de tous les plans présentés pour le monument à élever aux mânes des victimes de 1793, on a préféré le moins convenable. Voilà ce qui doit nous expliquer l'inconcevable légèreté avec laquelle le Conseil général a choisi, pour la prison à construire, un local aussi insalubre que celui de Perrache, et n'offrant pas comme lui les développemens de terrains nécessaires. Voilà enfin ce qui doit expliquer l'obstination de l'autorité ecclésiastique qui veut placer le séminaire dans un vallon marécageux, malsain, et n'offrant, par son éloignement de la ville et son accès difficile, aucun avantage. En résultat, c'est la cité qui paye les fautes commises, et les citoyens ont le droit, nous dirons plus, ils doivent instruire l'autorité, et lui signaler les erreurs qu'elle peut commettre à son insçu. Espérons donc que les Lyonnais qui, mieux que nous, ont reçu de leur talent et de leur savoir une mission sacrée, ne reculeront pas devant les obligations qu'elle leur impose.

DE L'IMPORTANCE

INDUSTRIELLE

DE LA VILLE DE LYON.

Lorsqu'il s'agit d'une mesure importante et dont les résultats peuvent être funestes, terribles, imprévus, trop de lumières ne sauraient être répandues pour éclairer l'autorité qui doit la prendre ou la rejeter. Si cette mesure intéresse d'une manière diverse deux classes de citoyens que rien ne devrait diviser, mais que des intérêts qui paraissent à tort différens ont malheureusement trop souvent séparées, il sera bien alors d'entendre les deux parties, et de juger avec maturité et prudence les raisons de l'une et de l'autre.

Un officier, attaché à l'état-major de Lyon, vient de publier un écrit où il demande pour cette ville des fortifications et des établissemens militaires. Un bourgeois de Lyon a sans doute le

droit de répondre à des assertions qui lui paraissent erronées, et de repousser des projets qu'il
regarde comme funestes à la cité qui l'a vu
naître. En un mot, on a entendu les raisonnemens de l'état-major, et nous entreprenons aujourd'hui de présenter ceux de la ville.

L'auteur de l'écrit intitulé : De l'importance
militaire de la ville de Lyon, pense que cette cité,
« la clef du midi, doit, dans l'état actuel de nos
« frontières, devenir, en cas de guerre, la base
« d'opérations d'une armée française, et pour cela
« il faut y former des établissemens militaires et
« pouvoir s'y défendre. » Il eût fallu d'abord prouver la vérité des bases de semblables conséquences, mais la chose eût été difficile. Lyon n'est point
la clef du midi, et les passages des Alpes étant
ouverts, le midi peut en entier devenir la proie
de l'ennemi, sans que Lyon soit en sa puissance;
la Bourgogne, la neutralité de la Suisse étant
violée, doit et peut facilement être envahie sans
que Lyon soit compromise. Quant à l'état actuel
de nos frontières, elles sont de ce côté ce qu'elles
étaient il y a plusieurs siècles; la nécessité de fortifier Lyon n'avait pas encore été reconnue; et si
l'on examine l'attention avec laquelle nos pères
s'empressaient de fortifier les points exposés aux

invasions, on ne saurait les accuser d'imprévoyance ; nous tirerons donc de l'examen des
lieux des conséquences entièrement opposées à
celles de M. le capitaine d'état-major.

La ville de Lyon doit être, sans doute, l'objet
« de la convoitise de l'ennemi »; mais cette convoitise sera bien plus vivement excitée si , outre
ses richesses, elle renferme « de grands amas
« de munitions de guerre et de bouche. » La
possession de cette ville ne sera plus alors
pour nos ennemis seulement un avantage , elle
deviendra une nécessité; et si, comme vous
l'avouez , Lyon ne peut soutenir un siége, vous
livrez vos ressources et compromettez l'existence
d'une cité que vous appelez la capitale du midi.

Aussi l'auteur dit-il avec raison : « La posi-
« tion militaire destinée à devenir le point d'ap-
« pui d'une armée et son grand dépôt, doit être
« forte et centrale,... établi dans une ville *forti-
« fiée ;* il (un grand dépôt) peut servir par sa
« position de point d'appui et de lieu de sûreté
« pour les malades, etc...... » Mais ces con-
ditions ne sauraient se trouver dans la ville de
Lyon, puisqu'il avoue, quelques lignes après, que
« jamais Lyon ne sera destiné à soutenir un
« siége réglé, qu'il n'est pas nécessaire d'en

« faire une place forte proprement dite, et qu'il
« est de l'intérêt de l'état de ne point exposer à
« un siége dans les formes, une ville dont la
« grande population serait elle-même un obstacle
« à la défense, etc. »

Ainsi il est incontestable, de l'aveu de l'auteur, que Lyon ne peut ni ne doit renfermer de
grands dépôts de guerre ; dès-lors il est inutile
de chercher un local convenable pour les établir, dès-lors tous les raisonnemens faits à cet
égard tombent, et n'ont plus besoin de réfu-
tation.

Cependant M. le capitaine d'état-major ne
tire point de pareilles conséquences; il expose
ses projets d'établissemens militaires, et il trace
son plan de fortification; plan qui tantôt n'a
d'autre but que de mettre Lyon « à l'abri d'un
« coup de main, »tantôt peut sans péril « arrêter
« une invasion étrangère et décider du succès
« d'une campagne. » A la page 16, l'auteur ne
veut « que des fortifications adaptées au but
« auquel on doit se borner, qui est une résis-
« tance de quelque durée, résistance qui (page
« 3) servirait du moins à obtenir pour la ville
« une capitulation avantageuse ; » mais après
avoir rappelé le siége de 1793, il ajoute à la

page 18 : « Privée de fortification, cette ville
« (Lyon), put tenir pendant deux mois ; quelle
« résistance ne pourrait-elle pas opposer aux
« étrangers, si les positions qui l'environnent
« étaient bien fortifiées ! »

Enfin, l'auteur ajoute que les fortifications
qu'il demande ne sont pas seulement dans l'intérêt de l'état, mais aussi dans ceux de la ville.
Les établissemens militaires et les consommations
d'une forte garnison étendraient le commerce
local, et enrichiraient un grand nombre d'habitans; d'un autre côté, il serait bon de procurer
aux malheureux ouvriers en soie, par les travaux dans l'arsenal, les moyens de subsister sans
abandonner la ville, lorsqu'une stagnation mo-
mentanée du commerce interrompt leurs occu-
pations; la tranquillité de la ville en serait plus
assurée. Si Lyon restait ouvert, un corps de
troupes et quelques obus suffiraient pour la prendre ; la ville serait rançonnée, incendiée, etc.,
au lieu qu'à l'aide des forts, fortins et redans pro-
posés, « la seconde ville du royaume n'aurait
« plus à craindre de voir l'ennemi bouleverser
« son commerce et compromettre son existen-
« ce...,.. ; et si la guerre venait encore désoler
« nos provinces, les Lyonnais béniraient le gou-

« vernement d'avoir lu pour eux dans l'avenir. »

La reconnaissance qu'inspire une si touchante sollicitude, diminue cependant un peu en lisant (pag. 16) que les fortifications « doivent être « adaptées au but auquel il faut se borner, qui « est une résistance de quelque durée seulement « pour la ville, et aux moyens néanmoins d'en « chasser l'ennemi, s'il parvenait à s'en rendre « maître par capitulation ou par force; » et aux pag. 19 et 20 : « Mais comme les besoins de la « population, ou l'intérêt de l'industrie locale, « pourraient forcer la ville à ouvrir ses portes, « on doit se ménager les moyens d'y tenir l'en- « nemi en échec; il faut donc, etc... alors l'en- « nemi, parvînt-il à occuper la ville, resterait « exposé au feu de ces forts qui pourraient tenir « long-temps encore. »

Nous n'examinerons point en détail le projet de fortifications proposées; un militaire pourrait avec raison décliner notre compétence. Cependant comme M. le capitaine d'état-major n'est point un officier du génie, nous reprenons un peu courage, et il nous semble qu'il n'est pas besoin d'être fort habile stratégiste pour reconnaître avec lui, ce qu'il se donne tant de peine à prouver, que Lyon n'est point exposé à un siége régulier, mais que l'ennemi ne se porterait que sur quelques points faibles; nous ajouterons que, dans ce cas, la nécessité de fortifier toute la ville n'en serait pas moins démontrée, « que des ouvrages « détachés, faiblement liés entre eux, » seraient complétement insuffisans; que ces ouvrages pourraient être facilement séparés, isolés et tournés ; que le fort St-Jean serait dominé par le coteau des Chartreux ; que le fort St-Just pourrait facilement être tourné par le revers de Ste-Foy ; que les travaux militaires de Montessuy, élevés par des troupes en campagne, dans l'espace de vingt-quatre heures, ne sauraient arrêter l'ennemi, d'autant que l'auteur ne raisonne que dans l'hypothèse d'un coup de main, circonstance dans laquelle nous n'aurions pas de troupes en campagne ; qu'enfin un plan de défense prenant son point d'appui sur le Rhône, puisque aujourd'hui ce fleuve est au centre de la ville, est inadmissible, et qu'avant d'établir des têtes de pont, il faudrait d'abord raser cette nouvelle ville qui s'élève sur sa rive gauche; autant vaudrait établir des têtes de ponts sur la Saône, ce qui, du reste, pourra un jour être réclamé, puisque l'auteur dit (pag. 5) : « Le côté de la ville qui « n'est pas bordé par le Rhône, est entouré de

« collines offrant d'excellentes positions défen-
« sives, auxquelles la Saône sert de point d'ap-
« pui. » Or, nous le demandons à tous les stra-
tégistes du monde : quel point d'appui la Saône
pourrait-elle offrir, à des troupes forcées d'a-
bandonner à l'ennemi les hauteurs de Fourvières
ou de la Croix-Rousse ?

En résumé, les raisonnemens de M. le capitaine d'état-major se réduisent aux propositions
suivantes : 1.° la ville de Lyon doit devenir une
position forte et centrale; 2.° la ville de Lyon
ne doit point être une place forte ; 3.° la ville
de Lyon peut soutenir avec les positions qui l'environnent bien fortifiées, un siége de plus de
soixante-trois jours ; 4.° la ville de Lyon ne peut
faire qu'une résistance de peu de durée : il n'est
point dans l'intérêt de l'état de l'exposer à un
siége; 5.° les fortifications doivent être élevées
dans le but de préserver Lyon d'un coup de main,
et de repousser au loin les feux du dehors; 6.°
lorsque l'intérêt de l'industrie et les besoins de
la population auront forcé la ville à capituler,
alors les forts la foudroieront et en chasseront
l'ennemi.

De pareilles contradictions n'accusent certai-
nement pas le talent de M. le capitaine d'état-

major, nous lui rendons justice ; mais elles trahissent la faiblesse de sa cause. Nous avons jusqu'à ce moment réfuté l'écrit qui nous occupe par ses propres argumens ; nous allons maintenant jeter un coup-d'œil sur la question elle-même.

Un homme de beaucoup d'esprit et d'instruction a, dans les Tablettes, réfuté en quelques mots, le projet de fortifier la ville de Lyon, et il a rappelé les priviléges accordés par nos rois à cette cité ; priviléges qui la dispensaient de recevoir dans son sein ni hommes d'armes, ni munitions de guerre. A son avénement au trône, Louis XVI se hâta de confirmer ces priviléges, et recommanda à M. de Bellecize, prévôt des marchands, de les respecter (1). Aujourd'hui que, devenu une ville de garnison, Lyon est rentré dans le droit commun, nous ne faisons point de vœu pour l'en voir sortir ; nous repous-

(1) L'histoire fait remonter au 22 avril de l'année 1312 les premières lettres-patentes données par Philippe-le-Bel, qui accordaient aux habitans de Lyon le privilége de se garder euxmêmes ; lequel privilége fut successivement confirmé par Louis Hutin en 1315, Philippe-le-Long en 1317, Philippe-de-Valois en 1334, Louis XI en 1472, Charles VIII en 1495, Louis XII en 1498, François I.er en 1544, François II en 1559, Charles IX en 1570, Henri III en 1574, Henri IV en 1594, Louis XIII en 1630, Louis XIV en 1643, Louis XV en 1717, et Louis XVI à son avénement au trône.

sons les priviléges en faveur des villes aussi bien que ceux en faveur des individus ; mais nous tirerons de la conduite de nos pères, à l'égard de la ville de Lyon, la preuve qu'ils savaient que le commerce est ami de la paix, et que l'industrie, véritable sensitive, s'épouvante et se resserre au moindre contact des appareils de guerre.

Cette vérité paraît être ignorée des auteurs du projet de fortifier la ville de Lyon ; cependant, pour la reconnaître, ils n'avaient qu'à jeter les yeux autour d'eux, et qu'à contempler l'accroissement prodigieux de notre prospérité dans le cours de quelques années de paix. Et certes, ils ne pourront faire honneur de pareil resultats à d'autres circonstances, puisque les nations, après avoir posé les armes, semblent s'être déclaré une nouvelle guerre de douanes, et que tandis qu'un peuple voisin, profitant du repos du monde, étend ses relations et multiplie ses débouchés, notre ministère, dirigé je ne sais par quel funeste génie, élève autour de notre industrie le double rempart de ses mesures restrictives et de ses préjugés aristocratiques (1).

(1) Au moment où nous écrivions ces lignes, la reconnaissance d'Haïti n'avait pas encore prouvé que l'opinion pu-

Ne dirait-on pas que certains hommes, épou-
vantés des efforts de l'industrie pour se dégager
des liens qui l'enveloppent, ont conçu la pensée
parricide de l'étouffer sans retour, et en ont
trouvé un moyen infaillible dans l'exécution de
desseins qui, sans but politique, n'auraient évi-
demment d'autres résultats. Mais de pareils projets seront repoussés; en les adoptant le gouvernement ne compromettrait pas seulement les
intérêts de la ville de Lyon, il ébranlerait la
confiance dans les relations commerciales de la
France entière, et en tarissant les sources pré-
cieuses où il puise tant de trésors, il exposerait
sa propre existence et se rendrait coupable d'un
véritable suicide.

Lyon rapporte à l'état plus de quatre-vingt
millions par année, et cet énorme tribut va
toujours croissant. Son enceinte s'agrandit de
jour en jour, et cet accroissement progressif a
triomphé déjà de tous les obstacles que lui a
opposés la nature même des lieux. Les monta-
gnes qui l'environnent se couvrent de commo-

blique triomphe des plus vieux préjugés. L'opinion publique
repousse de même des fortifications destinées à arrêter dans ses
progrès l'industrie lyonnaise, et malgré les désirs et les efforts
de quelques hommes, jamais Lyon ne sera fortifié.

des habitations, les marais de Perrache se des-
sèchent, et dans la plaine qui s'étend à l'est s'é-
lève une ville nouvelle. Les communications avec
les Brotteaux se multiplient, et un nouveau pont
va franchir le fleuve, qui ne peut plus désormais servir de rempart à notre cité. Ainsi, tandis que l'on trace des lignes autour de Lyon,
ces lignes sont dépassées, et les calculs démen-
tis et trompés ; dans le temps que l'ingénieur
met à dresser le plan de ses forts et de sa cita-
delle, le terrain sur lequel il devait les asseoïr
se couvre des établissemens de l'industrie ; par-
tout le génie de la paix devance le génie de la
guerre, et le commerce offre à la France son
or, qui désormais doit être plus utile pour sa
défense, que des fortifications mal conçues ou
inexécutables.

Mais vous ne prétendez point, dites-vous,
exposer la ville de Lyon à soutenir un siége, vous
ne voulez que la sauver d'un coup de main,
l'arracher à l'incendie et au pillage. Nous ne
connaissons point, nous l'avouons, aussi bien
que vous, l'imprévoyance des hommes d'état qui
gouvernent la France ; mais quelque grande
qu'elle puisse être, vous les calomniez en annon-
çant qu'à leur insçu une armée de trente à qua-

rante mille hommes pourra se rassembler sur la frontière , la franchir , traverser vingt-cinq à trente lieues d'un pays coupé et facile à défendre, sans rencontrer un seul obstacle, sans trouver quelques soldats pour l'arrêter. Si cependant vous pouviez croire à un coup de main fait par un corps d'armée de dix mille hommes resté inaperçu, vous calomnieriez la France entière , vous calomnieriez surtout cette population de Lyon si généreuse , et que vous savez si redoutable à ses ennemis : nous le soutenons , un coup de main imprévu , et dans l'état actuel de nos frontières, est impossible. « Cependant, ajoutez-« vous, dans une guerre de gouvernement à « gouvernement, d'ordinaire les armées seules « prennent part à la querelle. » Ainsi donc, vous l'avouez, les nations sont encore appelées à subir des guerres de gouvernement à gouvernement ; ainsi, victimes des caprices d'un ministère inepte ou ambitieux , les populations seront décimées , leurs champs ravagés , leurs villes détruites, sans cesser d'être étrangères à la querelle ! Non, vous ne le pensez pas. La raison a fait assez de progrès depuis cinquante ans pour nous faire espérer que les choses ne peuvent plus se passer ainsi. Les lumières du temps ont pénétré jusque dans les cours des princes, et les gouvernemens commencent à sentir qu'il n'est de sécurité pour leur propre existence, qu'en cherchant un appui dans l'intérêt du plus grand nombre. Les peuples et les rois ont goûté les fruits amers de la conquête, et ils commencent à reconnaître que si les armées nationales, après avoir éprouvé un échec, renaissent en touchant le sol de la patrie, plus nombreuses et plus redoutables, les armées stipendiées au contraire, après un revers, ne se relèvent plus, meurent tout entières et entraînent avec elles la chute des conquérans qui les payent.

Non, nous ne sommes plus appelés à être témoins de guerres de gouvernement à gouvernement : si c'est là votre espérance, nous la repoussons comme une effroyable calamité, et nous ne verrons qu'avec effroi des fortifications dont le but serait de la voir un jour se réaliser.

Cette supposition d'une guerre de gouvernement à gouvernement prouve, ce qui est incontestable, que l'intérêt de la ville de Lyon n'est point le but vers lequel tendent les auteurs du projet de fortifier cette cité. L'intérêt de la France ne les occupe pas davantage. Lyon fortifié est perdu pour la France comme ville de commerce, et comme ville productive; et la France qui peut, avec ses enfans et ses remparts de fer, se passer de citadelles et de forts, ne peut se passer de commerce et d'industrie (1).

(1) Il suffit de jeter un coup-d'œil sur les villes fortifiées pour reconnaître que dans leurs murs l'industrie est stationnaire. Strasbourg, Metz, Lille, etc., sont ce qu'elles étaient il y a plusieurs siècles, ou n'ont pris qu'une part peu active au mouvement d'amélioration et de progression communiqué au reste de la France.

❋❋❋❋❋❋